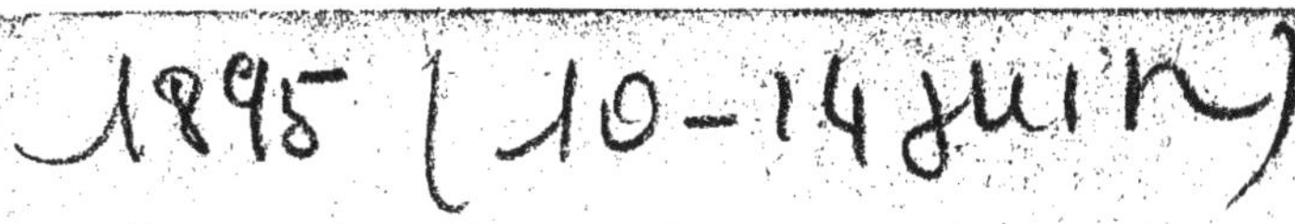

RÉSUMÉ DU CATALOGUE

LA

COLLECTION SPITZER

ARMES ET ARMURES

PARIS 1895

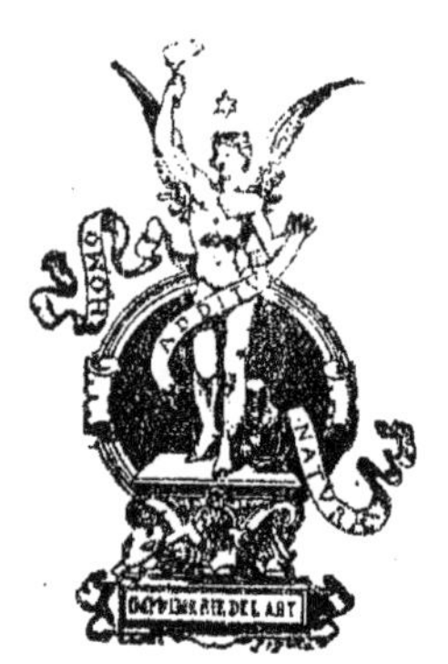

LA

COLLECTION SPITZER

ARMES ET ARMURES

PARIS. — IMPRIMERIE DE L'ART
E. Moreau et Cie, 41, rue de la Victoire.

CATALOGUE

DES

ARMES ET ARMURES

FAISANT PARTIE

DE LA

COLLECTION SPITZER

ET DONT LA VENTE AURA LIEU

A PARIS

Galerie Georges Petit, rue de Sèze, 8

Les Lundi 10, Mardi 11, Mercredi 12, Jeudi 13
et Vendredi 14 Juin 1895

A DEUX HEURES

Me Paul CHEVALLIER
COMMISSAIRE-PRISEUR
10, rue Grange-Batelière, 10

M. Charles MANNHEIM
EXPERT
7, rue Saint-Georges, 7

EXPOSITIONS

Particulière : *Le Samedi 8 Juin 1895, de 1 h. à 6 h.*
Publique : *Le Dimanche 9 Juin 1895, de 1 h. à 6 h.*

[illegible] 412

CONDITIONS DE LA VENTE

Elle sera faite *expressément* au comptant.

Les Acquéreurs payeront CINQ POUR CENT en sus des adjudications.

L'Exposition mettant le public à même de se rendre compte de l'état et de la nature des objets, il ne sera admis aucune réclamation une fois l'adjudication prononcée.

AVIS

Les objets compris dans chacune des vacations seront visibles le matin jusqu'à midi.

ORDRE DES VACATIONS*

Le Lundi 10 Juin 1895

Armures et demi-armures.	Nos	21	à	25
Casques.	—	36	à	40
Pièces d'armures.	—	80	à	87
Armes d'Hast	—	120	à	127
Épées et Dagues.	—	213	à	238
Canons et Couleuvrines	—	302	à	308
Arquebuses	—	321	à	326
Pistolets.	—	357	à	363
Clefs d'Arquebuse	—	382	à	386
Poires à poudre, Amorçoirs et Cartouchières.	—	415	à	428
Mors de cheval et Muserolles. . .	—	453	à	465
Étriers et Éperons.	—	474	à	479

Le Mardi 11 Juin 1895

Armures.	Nos	1	à	5
Casques.	—	26	à	30
Rondaches et Targes.	—	50	à	63
Pièces d'armures.	—	64	à	71

* L'ordre numérique ne sera pas suivi.

Armes d'Hast	Nos	103	à	111
Épées et Dagues.	—	161	à	186
Arquebuses	—	309	à	314
Pistolets.	—	343	à	349
Poires à poudre, Amorçoirs et Cartouchières.	—	387	à	400
Étriers et Éperons	—	466	à	469
Accessoires divers	—	489	à	492

Le Mercredi 12 Juin 1895

Armures.	Nos	6	à	10
Casques.	—	31	à	35
Pièces d'armures.	—	72	à	79
Armes d'Hast	—	112	à	119
Épées et Dagues	—	187	à	212
Arbalètes	—	296	à	301
Arquebuses	—	315	à	320
Pistolets.	—	350	à	356
Poires à poudre, Amorçoirs et Cartouchières.	—	401	à	414
Étriers et Éperons	—	470	à	473
Accessoires divers	—	493	à	500

Le Jeudi 13 Juin 1895

Armures et demi-armures.	Nos	16	à	20
Casques.	—	41	à	45

Pièces d'armures.	Nos	88	à	95
Armes d'Hast	—	128	à	134
Masses d'armes	—	144	à	160
Épées et Dagues	—	239	à	264
Arquebuses	—	327	à	332
Pistolets.	—	364	à	370
Poires à poudre, Amorçoirs et Cartouchières.	—	429	à	442
Étriers et Éperons.	—	480	à	483
Accessoires divers	—	501	à	504

Le Vendredi 14 Juin 1895

Armures et demi-armures.	Nos	11	à	15
Casques.	—	46	à	49
Pièces d'armures.	—	96	à	102
Armes d'Hast.	—	135	à	143
Épées et Dagues.	—	265	à	289
Arbalètes	—	290	à	295
Arquebuses	—	333	à	342
Pistolets.	—	371	à	381
Poires à poudre, Amorçoirs et Cartouchières.	—	443	à	452
Étriers et Éperons	—	484	à	488
Accessoires divers	—	505	à	508

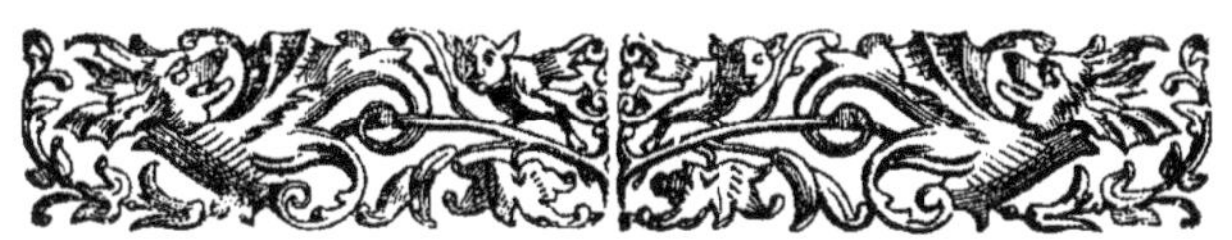

DÉSIGNATION DES OBJETS

ARMURES ET DEMI-ARMURES

1 — Armure maximilienne. — Travail de Nuremberg (xve siècle).

2 — Armure de joute. — Travail allemand (xve siècle).

3 — Armure de guerre. — Travail allemand (xve siècle).

4 — Armure de guerre. — Travail allemand (fin du xve siècle).

5 — Armure de guerre. — Travail italien (xvie siècle).

6 — Armure de joute. — Travail allemand (xve siècle).

7 — Armure de guerre. — Travail allemand (xvie siècle).

8 — Armure de guerre. — Travail italien (xvie siècle).

9 — Armure de joute. — Travail français (xvie siècle).

10 — Armure d'enfant. — Travail français (xvie siècle).

11 — Demi-armure de guerre. — Travail milanais (xvie siècle).

12 — Demi-armure de guerre. — Travail italien (xvie siècle).

13 — Demi-armure de guerre. — Travail italien (xvie siècle).

14 — Demi-armure de guerre. — Travail allemand (xvie siècle).

15 — Armure de guerre. — Travail italien (xvie siècle).

16 — Armure maximilienne. — Travail allemand (xvie siècle).

17 — Armure de guerre. — (xvie siècle).

18 — Armure de guerre. — Travail allemand (première moitié du xviie siècle).

19 — Demi-armure de parement. — Travail milanais (XVIe siècle).

20 — Armure de joute. — Travail allemand (commencement du XVIe siècle).

21 — Demi-armure de parement. — Travail français (milieu du XVIe siècle).

22 — Gantelets (paire de). — Travail français (XVIe siècle).

23 — Demi-armure de guerre. — Travail français (époque Louis XIII).

24 — Demi-armure de guerre. — (Époque Louis XIII).

25 — Demi-armure. — Travail allemand (XVIIe siècle).

CASQUES

26 — Bassinet. — Travail français (vers 1380).

27 — Salade et bavière maximiliennes. — Travail allemand (milieu du XVe siècle).

28 — Salade. — Travail allemand (XVe siècle).

29 — Barbute. — Travail vénitien (XVe siècle).

30 — Armet. — Travail français (?) (xvie siècle).

31 — Casque à l'antique. — Travail italien (xvie siècle).

32 — Armet. — Travail italien (xvie siècle).

33 — Armet. — (Fin du xve siècle).

34 — Armet. — (Fin du xve siècle).

35 — Armet. — (xvie siècle).

36 — Casque à l'antique. — Travail italien (première moitié du xvie siècle).

37 — Morion. — Travail italien (xvie siècle).

38 — Bourguignote. — Travail italien (xvie siècle).

39 — Bourguignote. — Travail italien (fin du xvie siècle).

40 — Bourguignote. — Travail allemand (xviie siècle).

41 — Morion. — Travail allemand (fin du xvie ou commencement du xviie siècle).

42 — Bavière. — Travail allemand (xve siècle).

43 — Visière à grille. — Travail allemand (xvie siècle).

44 — Armet. — Travail italien (xvie siècle).

45 — Bourguignote. — Travail français (xvie siècle).

46 — Salade vénitienne.

47 — Bourguignote. — Travail allemand (xvie siècle).

48 — Armet. — Travail allemand.

49 — Armet. — Travail français (xvie siècle).

RONDACHES ET TARGES

50 — Rondache en fer repoussé. — (xve siècle).

51 — Rondache en fer repoussé et découpé à jour. — (Fin du xve siècle).

52 — Rondache de parement en fer repoussé et doré. — Travail italien (xvie siècle).

53 — Rondache de parement en fer repoussé. — Travail italien ou français (xvie siècle).

54 — Rondache de parement en fer repoussé. — Travail espagnol (xvie siècle).

55 — Rondache de parement en fer noirci, repoussé, damasquiné et doré. — Travail italien (xvie siècle).

56 — Rondache en fer noirci, ciselé et doré. — Travail italien (xvie siècle).

57 — Rondache de carrousel. — Italie (xvie siècle).

58 — Rondache de carrousel. — Italie (xvie siècle.

59 — Pavois en bois peint. — Travail allemand (xve siècle).

60 — Pavois en bois peint. — Travail allemand (xve siècle).

61 — Targe de bois peint. — Travail allemand (xvie siècle).

62 — Rondache de parade. — Travail italien (xvie siècle).

63 — Bouclier. — Travail italien (xvie siècle).

PIÈCES D'ARMURES

64 — Épaulière et cubitière. — Travail italien (xvie siècle).

65 — Armure de bras. — Travail italien (xvie siècle).

66 — Armure de bras. — Travail allemand (xvie siècle).

67 — Épaulière gauche. — Travail allemand (xvie siècle).

68 — Armure de bras droit. — Travail italien (xvie siècle).

69 — Cuissard. — Travail italien (xvie siècle).

70 — Armure de bras. — Travail allemand (xvie siècle).

71 — Armure de bras. — Travail allemand (xvie siècle).

72 — Garde-coude, pièce de renfort. — Travail italien (xvie siècle).

73 — Brassard. — Travail allemand (fin du xvie siècle).

74 — Gantelets (paire de). — Travail français (vers 1560).

75 — Gantelets (paire de). — Travail italien (xvie siècle).

76 — Deux brassards. — Travail français (xvie siècle).

77 — Armure de bras gauche. — Travail italien (xvie siècle).

78 — Cuissard. — Travail français ou italien (xvie siècle).

79 — Cubitières (paire de). — Travail allemand (xvie siècle).

80 — Deux doigts de gantelets. — Italie. (xvie siècle).

81 — Genouillères (paire de) — Travail allemand (xve siècle).

82 — Cuissard. — Travail italien (xvie siècle).

83 — Gantelets (paire de). — Travail allemand (xve siècle).

84 — Manteau d'armes. — Travail allemand (xve siècle).

85 — Colletin. — Travail anglais (?) (fin du xvie siècle ou commencement du xviie siècle).

86 — Gantelets (paire de). — Travail italien (xvie siècle).

87 — Armure de jambe (fragment). — Travail italien (xvie siècle).

88 — Demi-chanfrein. — Travail italien (xvie siècle).

89 — Chanfrein. — Travail italien.

90 — Demi-chanfrein. — Travail italien (XVIe siècle).

91 — Chanfrein. — Travail italien (XVIe siècle).

92 — Chanfrein en cuir ciselé. — Travail italien (XVIe siècle).

93 — Chanfrein. — Travail allemand (XVIe siècle).

94 — Chanfrein. — Travail allemand (XVIe siècle).

95 — Chanfrein. — Travail allemand (XVIe siècle).

96 — Arçon de selle. — Travail italien (fin du XVIe siècle).

97 — Selle. — Travail italien (XVIe siècle).

98 — Miton. — Travail allemand (XVe siècle).

99 — Mitons (paire de). — Travail allemand (XVIe siècle).

100 — Hausse-col. — Travail français (XVIIe siècle).

101 — Brigandine. — Travail italien (fin du XVIe siècle).

102 — Colletin en fer repoussé, argenté et doré. — Travail allemand (XVIIe siècle).

**

ARMES D'HAST

103 — Deux hallebardes. — Travail allemand (XVIe siècle).

104 — Deux hallebardes. — Travail allemand (XVIe siècle).

105 — Roncone. — Italie (XVIe siècle).

106 — Roncone. — Italie (XVIe siècle).

107 — Roncone. — Italie (XVIe siècle).

108 — Pertuisane. — (XVIe siècle).

109 — Pertuisane. — Travail allemand (XVIIe siècle).

110 — Pertuisane de parade. — Travail français (XVIIe siècle).

111 — Fauchard. — Travail français (XVIIe siècle).

112 — Fauchard. — Travail français (fin du XVe siècle).

113 — Corsèque. — (Commencement du XVIe siècle).

114 — Corsèque. — (Commencement du XVIe siècle).

115 — Guisarme. — Travail italien ou français (commencement du XVIe siècle).

116 — Guisarme. — Travail italien (fin du XVe siècle).

117 — Roncone. — Travail italien (XVIe siècle).

118 — Hallebarde. — Travail italien (XVIe siècle).

119 — Hallebarde suisse. — (XVIe siècle).

120 — Hallebarde suisse. — (XVIe siècle).

121 — Hallebarde. — Travail allemand (XVIe siècle).

122 — Pertuisane de parement. — Travail italien (XVIe siècle).

123 — Pertuisane de parement. — Travail français (règne de Louis XIV).

124 — Hallebarde. — Travail allemand (XVIe siècle).

125 — Pertuisane de parement. — Travail français (règne de Louis XIII).

126 — Porte-mèche. — (XVIe siècle).

127 — Porte-mèche. — (XVIe siècle).

128 — Pertuisane. — Travail français (fin du XVIe siècle ou commencement du XVIIe siècle).

129 — Epieu de chasse. — Travail allemand (fin du XVIe siècle).

130 — Epieu de chasse. — Travail allemand (XVIe siècle).

131 — Epieu de chasse. — Travail allemand (XVIe siècle).

132 — Esponton. — Travail français (fin du XVIe siècle ou commencement du XVIIe siècle).

133 — Demi-pique. — (XVIIe siècle).

134 — Fer d'étendard. — Travail français (XVIIe siècle).

135 — Epieu de chasse. — Travail italien (XVIe siècle).

136 — Lance de guerre. — (Commencement du XVIIe siècle).

137 — Lance de guerre. — (Commencement du XVIIe siècle).

138 — Lance de guerre. — (Commencement du XVIe siècle).

139 — Lance de guerre. — (Commencement du XVIe siècle).

140 — Roncone. — Travail français (XVIIe siècle).

141 — Fer d'étendard. — (XVIIe siècle).

142 — Pertuisane. — Travail italien (XVIe siècle).

143 — Esponton. — Travail français (XVIe siècle).

MASSES D'ARMES

144 — Masse d'armes. — (XVe siècle).

145 — Masse d'armes. — (XVe siècle).

146 — Masse d'armes. — (XVe siècle).

147 — Masse d'armes. — Travail italien (XVIe siècle).

148 — Masse d'armes. — Travail vénitien (XVIe siècle).

149 — Masse d'armes. — Travail français (XVIe siècle).

150 — Masse d'armes — (XVIe siècle).

151 — Masse d'armes. — Travail italien (XVIe siècle).

152 — Masse d'arme-pistolet. — Travail italien (XVIe siècle).

153 — Masse d'armes. — Travail français.

154 — Masse d'armes. — (XVIe siècle).

155 — Marteau d'armes. — (XVIe siècle).

156 — Fléau d'armes. — (XVIe siècle).

157 — Hache d'armes. — Travail allemand (XVIe siècle).

158 — Marteau d'armes. — Travail italien (XVIe siècle).

159 — Marteau d'armes. — Travail italien (XVIe siècle).

160 — Marteau d'armes. — Travail italien ou espagnol (XVIe siècle).

ÉPÉES & DAGUES

161 — Epée. — Allemagne (XIVe siècle).

162 — Épée. — Allemagne (XVe siècle).

163 — Épée d'estoc. — Allemagne (XVe siècle).

164 — Épée d'estoc. — Travail allemand (XVe siècle).

165 — Épée. — Travail allemand (XVe siècle).

166 — Épée. — (Commencement du XVe siècle).

167 — Épée. — (xve siècle).

168 — Épée à deux mains. — (Commencement du xvie siècle).

169 — Épée de guerre à deux mains. — (Commencement du xvie siècle).

170 — Épée à deux mains. -- Travail allemand (xve siècle).

171 — Épée de guerre à deux mains. — (Fin du xve ou commencement du xvie siècle).

172 — Cinquedea ou Sangdedé. — Travail italien attribué à Ercole de Ferrare (fin du xve siècle).

173 — Cinquedea ou Sangdedé. — Travail italien.

174 — Grande épée de justice. — Travail allemand ou suisse (fin du xve siècle).

175 — Épée de guerre. — Travail français (milieu du xve siècle).

176 — Petite dague. — (xve siècle).

177 — Épée. — Travail italien (xve siècle).

178 — Cinquedea ou Sangdedé. — Travail vénitien (fin du xve siècle).

179 — Epée de ceinture. — Travail allemand (xvie siècle).

180 — Dague. — Travail allemand (xvie siècle).

181 — Epée de ceinture. — Travail italien (xvie siècle).

182 — Dague. — Travail italien (xvie siècle).

183 — Epée de ceinture. — Travail français (xvie siècle).

184 — Dague. — Travail français (xvie siècle).

185 — Epée de ceinture. — Travail allemand (xvie siècle).

186 — Dague. — Travail italien (xvie siècle).

187 — Epée de ceinture. — Travail italien (xvie siècle).

188 — Dague. — Travail italien (xvie siècle).

189 — Epée de ceinture. — Travail italien (xvie siècle).

190 — Dague. — Travail italien (xvie siècle).

191 — Epée de ceinture. — Travail espagnol (xvie siècle).

192 — Epée de ceinture. — Travail italien (xvie siècle).

193 — Épée de ceinture. — Travail espagnol (XVIe siècle).

194 — Épée de ceinture. — Travail italien (XVIe siècle).

195 — Épée de ceinture. — Travail italien (XVIe siècle).

196 — Épée de ceinture. — Travail italien (XVIe siècle).

197 — Épée de ceinture. — Travail italien (XVe siècle).

198 — Épée de ceinture. — Travail italien (XVIe siècle).

199 — Épée de ceinture. — Travail italien (XVIe siècle).

200 — Épée de ceinture. — Travail italien (XVIe siècle).

201 — Épée à pistolets. — Travail italien (XVIe siècle).

202 — Épée de ceinture. — Travail italien (XVIe siècle).

203 — Épée de ceinture. — Travail français (XVIe siècle).

***

204 — Épée à l'espagnole. — Travail allemand (xviie siècle).

205 — Épée à l'espagnole. — Travail allemand (xviie siècle).

206 — Épée de ceinture. — Travail espagnol ou italien (xvie siècle).

207 — Épée de ceinture. — Travail espagnol ou italien (1534).

208 — Épée à l'espagnole. — Travail espagnol (fin du xvie siècle).

209 — Épée à l'espagnole. — Travail italien (xvie siècle).

210 — Épée de ceinture.

211 — Épée de ceinture. — Travail italien (xvie siècle).

212 — Sabre ou Malchus. — Travail italien (xvie siècle).

213 — Épée à l'espagnole. — Travail espagnol (xviie siècle).

214 — Épée de ceinture. — Travail espagnol (xvie siècle).

215 — Épée. — Travail italien (xvie siècle).

216 — Épée. — Travail vénitien (xvie siècle).

217 — Épée. — Travail allemand (commencement du xvie siècle).

218 — Épée de ceinture. — Travail italien.

219 — Épée de duel. — Travail espagnol (xviie siècle).

220 — Sabre. — Travail allemand.

221 — Épée de ceinture. — Travail italien (xvie siècle).

222 — Petite épée de chasse. — Travail italien (xvie siècle).

223 — Épée de ceinture. — Travail allemand (commencement du xviie siècle).

224 — Rapière. — Travail allemand ou espagnol (fin du xvie siècle).

225 — Épée de ceinture. — Travail allemand (xvie siècle).

226 — Épée courte. — Travail espagnol (fin du xvie ou commencement du xviie siècle).

227 — Épée de guerre. — Travail allemand (xvie siècle).

228 — Épée de ceinture. — Travail italien (xvie siècle).

229 — Épée de ceinture. — Travail espagnol (fin du xve siècle).

230 — Épée de guerre. — Travail allemand (xvie siècle).

231 — Épée de ceinture. — Travail allemand (fin du xvie siècle).

232 — Épée de ceinture. — Travail italien (xvie siècle).

233 — Épée de ceinture. — Travail italien (xvie siècle).

234 — Épée de ceinture.

235 — Claymore. — (xviie siècle).

236 — Cimeterre. — Travail italien (fin du xvie siècle).

237 — Épée de ceinture. — (Fin du xvie siècle).

238 — Épée de ceinture. — Travail espagnol (xvie siècle).

239 — Épée de ceinture. — Travail italien (xvie siècle).

240 — Épée de ceinture. — Travail français (xve siècle).

241 — Épée de ceinture. — Travail italien xvie siècle).

242 — Épée de ceinture. — Travail italien (xvie siècle).

243 — Claymore. — Travail allemand (commencement du xviie siècle).

244 — Épée de ceinture. — Travail allemand.

245 — Épée de cavalerie.

246 — Épée à l'espagnole. — Travail espagnol (xviie siècle).

247 — Épée à l'espagnole. — Travail espagnol (xviie siècle).

248 — Épée à l'espagnole (xviie siècle).

249 — Épée à l'espagnole. — Travail espagnol (xviie siècle).

250 — Épée à l'espagnole. — Travail espagnol (xviie siècle).

251 — Épée à l'espagnole. — Travail espagnol (xviie siècle).

252 — Rapière. — Travail espagnol.

253 — Petit cimeterre. — Travail italien (xvie siècle.

254 — Épée de ceinture. — Travail milanais (commencement du xviie siècle).

255 — Épée de ceinture. — Travail espagnol (fin du XVIe siècle).

256 — Épée de ceinture. — Travail espagnol.

257 — Épée de ceinture. — Travail italien (XVIe siècle).

258 — Petit cimeterre. — Travail italien (?) (XVIe siècle).

259 — Grande Epée de ceinture. — Travail allemand (XVIe siècle).

260 — Dague.

261 — Dague suisse. — (Fin du XVIe siècle.)

262 — Poignard. — (Fin du XVIe siècle).

263 — Dague. — (XVIe siècle).

264 — Dague. — Travail français (XVIe siècle).

265 — Dague suisse. — (XVIe siècle).

266 — Dague. — (XVIe siècle).

267 — Petit poignard. — (XVIe siècle).

268 — Poignard. — Travail allemand (XVe siècle).

269 — Poignard à oreilles. — Travail italien (XVIe siècle).

270 — Dague. — (XVIe siècle).

271 — Dague suisse. — (1569).

272 — Dague. — (xve siècle).

273 — Dague. — Travail italien (xve siècle).

274 — Dague. — Italie (xvie siècle).

275 — Dague. — (xve siècle).

276 — Dague. — (Fin du xvie siècle).

277 — Dague.

278 — Dague suisse. — (xvie siècle).

279 — Poignard. — Travail italien (xvie siècle).

280 — Poignard de parement. — Travail suisse ou allemand (xvie siècle).

281 — Poignard. — Travail italien (xvie siècle).

282 — Dague suisse. — (xvie siècle).

283 — Poignard. — Travail italien (xviie siècle).

284 — Dague espagnole. — Travail espagnol (xviie siècle).

285 — Dague espagnole. — Travail espagnol (1554).

286 — Dague à l'espagnole. — Travail espagnol (xviie siècle).

287 — Dague à l'espagnole. — Travail italien (1551).

288 — Dague à l'espagnole. — Travail espagnol (XVIIe siècle).

289 — Dague à l'espagnole. — Travail espagnol (XVIIe siècle).

ARBALÈTES

290 — Arbalète. — Travail italien (XVIe siècle).

291 — Arbalète à pied de biche. — Travail italien (XVIe siècle).

292 — Arbalète. — Travail italien (XVIe siècle).

293 — Petite arbalète. — Travail français (XVIe siècle).

294 — Petite arbalète. — Style Renaissance.

295 — Arbalète. — Travail allemand (XVIe siècle).

296 — Arbalète. — Travail allemand (XVIe siècle).

297 — Arbalète. — Travail allemand (XVIe siècle).

298 — Arbalète. — Travail flamand ou français (xvie siècle).

299 — Arbalète. — Travail français (xvie siècle).

300 — Arbalète. — Travail allemand (xvie siècle).

301 — Arbalète. — Travail flamand ou français (xvie siècle).

CANONS ET COULEUVRINES

302 — Couleuvrine. — Travail italien (xvie siècle).

303 — Petite couleuvrine. — Travail français (règne de Henri II).

304 et 305 — Deux petits canons. — Travail flamand (1678).

306 — Petit mortier. — (xviie siècle).

307 — Fauconneau. — Travail allemand (xvie siècle).

308 — Fauconneau. — Travail allemand (xvie siècle).

ARQUEBUSES

309 — Arquebuses à rouet et à mèche. — (XVIe siècle).

310 — Grosse arquebuse à mèche. — Travail allemand (fin du XVIe siècle).

311 — Petite arquebuse à rouet. — Travail français (XVIe siècle).

312 — Arquebuse à rouet. — Travail allemand (fin du XVIe siècle).

313 — Petite arquebuse à rouet se chargeant par la culasse. — Travail allemand (XVIe siècle).

314 — Arquebuse à rouet. — Travail allemand (XVIIe siècle).

315 — Petite arquebuse à rouet. — Travail allemand (XVIe siècle).

316 — Petite arquebuse à mèche. — Travail italien (XVIe siècle).

317 — Arquebuse à rouet. — Travail français (XVIe siècle).

318 — Petite arquebuse à rouet. — (Commencement du XVIIe siècle).

319 — Arquebuse à rouet. — (XVIe siècle).

320 — Arquebuse à rouet. — Travail allemand (XVIe siècle).

321 — Arquebuse à mèche. — Travail allemand (fin du XVIe siècle).

322 — Arquebuse à rouet. — Travail allemand (XVIIe siècle).

323 — Grande arquebuse à rouet. — Travail italien (fin du XVIe siècle).

324 — Arquebuse à rouet. — Travail français (XVIe siècle).

325 — Arquebuse à rouet. — Travail allemand (XVIIe siècle).

326 — Arquebuse à rouet. — Travail espagnol (XVIIe siècle).

327 — Arquebuse à rouet. — Travail allemand (commencement du XVIIe siècle).

328 — Carabine. — (XVIIe siècle).

329 — Petite arquebuse à rouet. — (XVIIe siècle).

330 — Arquebuse à mèche. — Travail allemand (1570).

331 — Arquebuse à rouet. — (XVIe siècle).

332 — Petite arquebuse de chasse à rouet. — Travail allemand (1575).

333 — Arquebuse à rouet. — Travail italien (XVIe siècle).

334 — Arquebuse à rouet. — Travail allemand (XVIIe siècle).

335 — Arquebuse à rouet. — Travail allemand (1653).

336 — Arquebuse à rouet. — Travail espagnol (?) (1597).

337 — Petite arquebuse. — Travail allemand (XVIIe siècle).

338 — Arquebuse. — Travail français (XVIe siècle).

339 — Arquebuse à rouet. — Travail français (XVIIe siècle).

340 — Fusil à pierre à deux coups. — Travail italien (XVIIe siècle).

341 — Petite arquebuse. — Travail allemand (fin du XVIe siècle ou commencement du XVIIe siècle).

342 — Petite arquebuse à rouet. — (XVIe siècle).

PISTOLETS

343 — Grand pistolet à rouet. — Travail allemand (xvie siècle).

344 — Pistolet à rouet. — Travail allemand (xviie siècle).

345 — Grand pistolet à rouet. — Travail allemand (xvie siècle).

346 — Pistolet à rouet. — (xvie siècle).

347 — Pistolet à rouet. — Travail allemand (xvie siècle).

348 — Pistolet à rouet. — Travail allemand (xvie siècle).

349 — Pistolet à rouet. — Travail allemand (fin du xvie siècle).

350 — Pistolet à rouet. — Travail allemand (commencement du xviie siècle).

351 — Pistolet à rouet. — Travail allemand (xviie siècle).

352 — Pistolet à rouet. — (xviie siècle).

353 — Pistolet à rouet. — (xviie siècle).

354 — Paire de pistolets à rouet. — Travail allemand (XVIIe siècle).

355 — Pistolet à rouet. — Travail français (XVIe siècle).

356 — Pistolet à rouet. — Travail français (XVIe siècle).

357 — Paire de pistolets à rouet. — Travail allemand (1611-1612).

358 — Paire de pistolets à rouet. — Travail allemand (commencement du XVIIe siècle).

359 — Paire de gros pistolets à rouet. — Travail allemand (1587).

360 — Pistolet à rouet à deux coups. — Travail de Nuremberg (XVIe siècle).

361 — Pistolet à rouet. — Travail allemand (XVIe siècle).

362 — Pistolet à rouet. — Travail français (XVIIe siècle).

363 — Paire de pistolets à rouet. — Travail espagnol (XVIIe siècle).

364 — Pistolet à rouet. — Travail allemand (fin du XVIe siècle ou commencement du XVIIe siècle).

365 — Pistolet à rouet.—Travail allemand (xviie siècle).

366 — Paire de pistolets à rouet. — Travail de Nuremberg (xvie siècle).

367 — Pistolet à rouet. — Travail allemand (xvie siècle).

368 — Paire de pistolets à rouet. — Travail italien (xvie siècle).

369 — Paire de pistolets à rouet. — Travail espagnol (xviie siècle).

370 — Pistolet à deux coups. — Travail allemand (xvie siècle).

371 — Pistolet à rouet. — (xviie siècle).

372 — Paire de pistolets à rouet. — Travail italien (xvie siècle).

373 — Pistolet à rouet. — Travail italien (xvie siècle).

374 — Pistolet à rouet. — Travail italien (xvie siècle).

375 — Pistolet à rouet. — Travail français (règne de Louis XIV).

376 — Pistolet à rouet. — Travail italien (xviie siècle).

377 — Paire de pistolets à rouet. — Travail français (règne de Louis XIV).

378 — Pistolet à rouet. — Travail italien (XVIe siècle).

379 — Pistolet à deux coups à rouet. — Travail allemand (XVIIe siècle).

380 — Pistolet à rouet. — Travail allemand (Augsbourg, XVIIe siècle).

381 — Canons de pistolet (Deux). — Travail français (XVIe siècle).

CLEFS D'ARQUEBUSE

382 — Clef d'arquebuse. — (XVIIe siècle).

383 — Grande clef d'arquebuse. — (Fin du XVIe siècle).

384 — Clef d'aquebuse. — (XVIIe siècle).

385 — Clef d'arquebuse. — (XVIIe siècle).

386 — Clef d'arquebuse. — Travail italien (XVIe siècle).

POIRES A POUDRE

AMORÇOIRS ET CARTOUCHIÈRES

387 — Poire à poudre. — Travail allemand (XVIe siècle).

388 — Poire à poudre. Travail allemand (fin du XVIe siècle).

389 — Poire à poudre. — Travail allemand (XVIe siècle).

390 — Poire à poudre. — Travail allemand (XVIe siècle).

391 — Cartouchière. — Travail italien (XVIe siècle).

392 — Poire à poudre. — Travail allemand (XVIe siècle).

393 — Poire à poudre. — Travail allemand (XVIe siècle).

394 — Amorçoir. — Travail allemand (fin du XVIe siècle).

395 — Cartouchière. Travail allemand (fin du XVIe siècle).

396 — Poire à poudre. — Travail allemand (XVIe siècle).

397 — Poire à poudre. — Travail allemand (XVIe siècle).

398 — Poire à poudre. Travail italien (XVIe siècle).

399 — Poire à poudre. — Style Renaissance.

400 — Poire à poudre. — (XVIIe siècle).

401 — Poire à poudre. — Travail allemand (XVIIe siècle).

402 — Poire à poudre. — Travail français (XVIe siècle).

403 — Poire à poudre. — Travail allemand (XVIIe siècle).

404 — Poire à poudre. — Travail italien (XVIe siècle).

405 — Amorçoir. — Travail napolitain (XVIIe siècle.

406 — Amorçoir. — Travail français (époque de Louis XIV).

407 — Cartouchière. — Travail allemand (XVIe siècle).

408 — Cartouchière. — Travail allemand (1591).

409 — Poire à poudre. — Travail allemand (XVIe siècle).

410 — Amorçoir. — Travail allemand (1643).

411 — Cartouchière. — Travail allemand (XVe siècle).

412 — Cartouchière. — Travail allemand (1571).

413 — Poire à poudre. — Travail italien (XVIe siècle).

414 — Poire à poudre. — Travail allemand (XVIe siècle).

415 — Poire à poudre. — Travail français (XVIe siècle).

416 — Poire à poudre. — Travail italien (XVIe siècle).

417 — Amorçoir. — Travail allemand (XVIIe siècle).

418 — Amorçoir. — Travail allemand (XVIIe siècle).

419 — Cartouchière. — Travail allemand (XVIe siècle).

420 — Amorçoir. — Travail italien (XVIe siècle).

421 — Amorçoir. — Travail allemand (1584).

422 — Poire à poudre. — Travail italien (xvie siècle).

423 — Poire à poudre. — Travail allemand (fin du xvie siècle).

424 — Poire à poudre. — Travail italien (xvie siècle).

425 — Poire à poudre. — Travail flamand (xvie siècle).

426 — Poire à poudre. — Travail allemand (xvie siècle).

427 — Poire à poudre. — Travail italien (xviie siècle).

428 — Poire à poudre. — Travail allemand (xviie siècle).

429 — Poire à poudre. — Travail allemand (xviie siècle).

430 — Cartouchière. — (xvie siècle).

431 — Poire à poudre. — Travail italien (xvie siècle).

432 — Poire à poudre. — Travail italien (xvie siècle).

433 — Poire à poudre. — Travail italien (xvie siècle).

434 — Poire à poudre. — Travail allemand (fin du XVIe siècle).

435 — Amorçoir. — Travail italien (XVIe siècle).

436 — Amorçoir. — (XVIe siècle).

437 — Cartouchière. — Époque de Louis XV.

438 — Amorçoir.

439 — Amorçoir. — (XVIIe siècle).

440 — Cartouchière. — Travail allemand (XVIe siècle).

441 — Poire à poudre. — Travail italien (XVIe siècle).

442 — Amorçoir. — Travail allemand (XVIIe siècle).

443 — Amorçoir. — Travail allemand (XVIIe siècle).

444 — Poire à poudre. — Travail italien (XVIe siècle).

445 — Poire à poudre.— Corne de cerf. Travail français (XVIe siècle).

446 — Poire à poudre. — Bois de noyer incrusté. Travail français (XVIe siècle).

447 — Petite cartouchière. — Travail allemand (1598).

448 — Poire à poudre. — Travail italien (XVIIe siècle).

449 — Poire à poudre en cuir ciselé. — Travail italien (XVIe siècle).

450 — Poire à poudre en cuir ciselé. — Travail italien (XVIe siècle).

451 — Poire à poudre. — Travail allemand (XVIe siècle).

452 — Cartouchière. — (XVIe siècle).

MORS DE CHEVAL

ET MUSEROLLES

453 — Mors de cheval. — Travail italien (XVIe siècle).

454 — Mors de cheval. — Travail italien (XVIe siècle).

455 — Mors de cheval. — Travail italien (XVIe siècle).

456 — Mors de cheval. — Travail italien (XVIe siècle).

457 — Mors de cheval. — Travail espagnol (XVIe siècle).

458 — Mors de cheval. — Travail allemand (XVIe siècle).

459 — Mors de cheval. — Travail italien.

460 — Mors de cheval. — Travail espagnol (XVIe siècle).

461 — Muserolle de cheval. — Travail allemand (?) (1564).

462 — Muserolle de cheval. — Travail allemand (?) (1567).

463 — Bossettes (deux) de mors. — Travail espagnol (XVIe siècle).

464 — Bossette. — Travail espagnol (XVIe siècle).

465 — Bossette d'ornement. — Travail espagnol (XVIe siècle).

ÉTRIERS ET ÉPERONS

466 — Paire d'étriers. — (XVe siècle).

467 — Paire d'étriers. — (XVe siècle).

468 — Paire d'étriers. — (Commencement du XVIe siècle).

469 — Paire d'éperons. — Travail allemand (XVe siècle).

470 — Paire d'éperons. — Travail allemand (XVe siècle).

471 — Paire d'éperons. — Travail italien (XVIe siècle).

472 — Paire d'étriers. — Travail italien (XVIe siècle).

473 — Paire d'étriers. — Travail italien (XVIe siècle).

474 — Paire d'étriers. — Travail italien (XVIe siècle).

475 — Paire d'étriers. — Travail français (XVIe siècle).

476 — Paire d'étriers. — Travail italien (XVIe siècle).

477 — Paire d'étriers. — Travail allemand (XVIe siècle).

478 — Paire d'éperons. — Travail italien (XVIe siècle).

479 — Paire d'éperons. — Travail espagnol (xvie siècle).

480 — Paire d'éperons. — (xvie siècle).

481 — Éperon. — Travail italien (xvie siècle).

482 — Paire d'éperons. — Travail allemand (xvie siècle).

483 — Paire d'éperons. — Travail italien (xvie siècle).

484 — Paire d'éperons. — Travail italien (xvie siècle).

485 — Paire d'éperons. — (xvie siècle).

486 — Paire d'éperons. — Travail italien (fin du xvie siècle).

487 — Paire d'éperons. — Travail italien (xvie siècle).

488 — Paire d'étriers. — Travail espagnol (1738).

ACCESSOIRES DIVERS

489 — Porte-épée. — (xvie siècle).

490 — Ceinture. — Travail allemand (fin du xve siècle).

491 — Crochet de ceinture. — Travail italien (xvie siècle).

492 — Porte-épée. — (Fin du xvie siècle).

493 — Porte-épée. — (xviie siècle).

494 — Porte-épée. — (xviie siècle).

495 — Bourse. — (xvie siècle).

496 — Boucle et garniture de baudrier. — (xviie siècle).

497 — Ceinturon. — (xvie siècle).

498 — Boucle de baudrier. — (xviie siècle).

499 — Ceinture. — Travail japonais.

500 — Chaîne de cou. — (xvie siècle).

501 — Fourreau de dague. — Travail allemand (xvie siècle).

502 — Bourse double. — Travail italien (xve siècle).

503 — Fermoir d'escarcelle. — Travail français (xvie siècle).

504 — Sous-garde en fer ciselé.— Travail italien (xviie siècle).

505 — Pontet de sous-garde en fer ciselé. — Travail italien (1643).

506 — Porte-épée. — (XVIe siècle).

507 — Cor. — Fer (XVIIe siècle).

508 — Cor. — Fer (Style Renaissance).

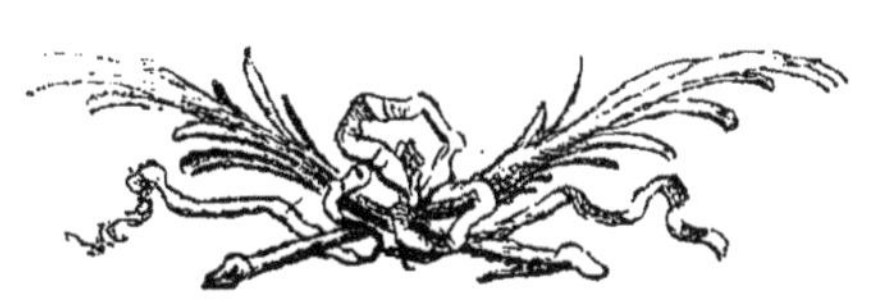

www.ingramcontent.com/pod-product-compliance
Ingram Content Group UK Ltd.
Pitfield, Milton Keynes, MK11 3LW, UK
UKHW021514260726
13993UKWH00004B/1658

9 782329 501581